Impressum
Verlag: BABADADA GmbH, Nedderfeld 112 , 22529 Hamburg
Geschäftsführer / Verlagsleitung: Harald Hof
Druck: Books on Demand GmbH, In de Tarpen 42, 22848 Norderstedt

Imprint
Publisher: BABADADA GmbH, Nedderfeld 112 , 22529 Hamburg, Germany
Managing Director / Publishing direction: Harald Hof
Print: Books on Demand GmbH, In de Tarpen 42, 22848 Norderstedt

shule

d Schuel

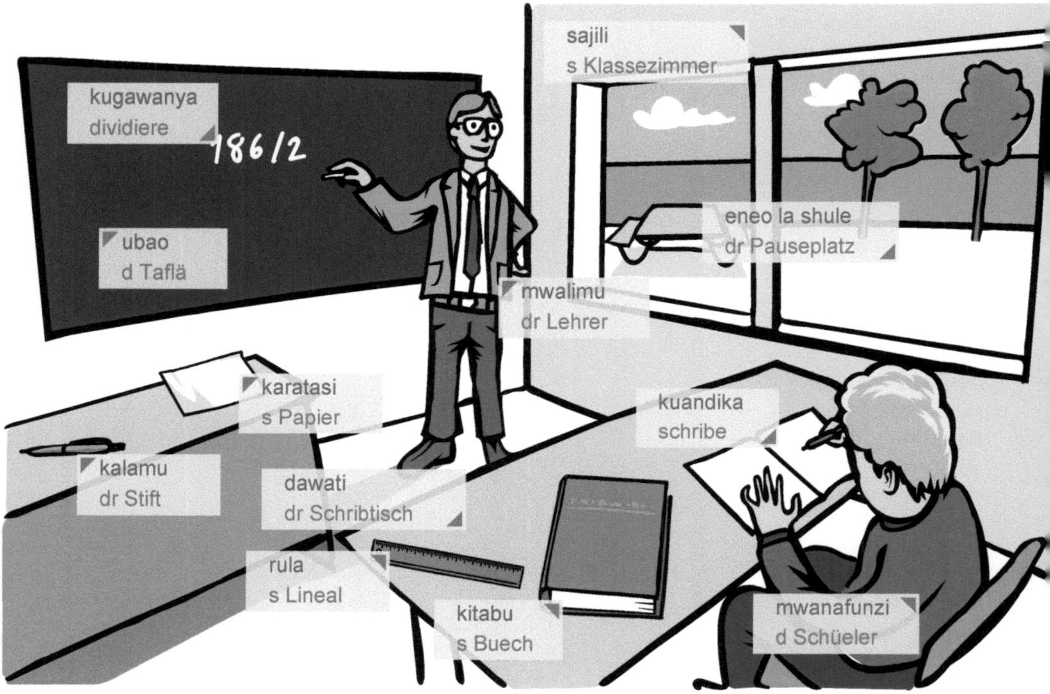

sajili
s Klassezimmer
kugawanya
dividiere
186/2
ubao
d Taflä
eneo la shule
dr Pauseplatz
mwalimu
dr Lehrer
karatasi
s Papier
kuandika
schribe
kalamu
dr Stift
dawati
dr Schribtisch
rula
s Lineal
kitabu
s Buech
mwanafunzi
d Schüeler

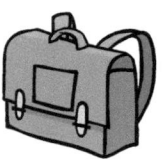

mkoba

dr Thek

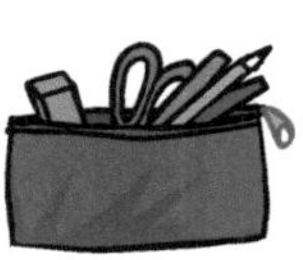

kikasha cha penseli

s Etui

penseli

dr Bleistift

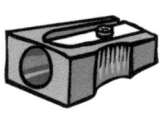

kichonga penseli

dr Spitzer

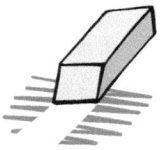

mpira

s Radiergummi

pedi ya kuchora

dr Zeicheblock

uchoraji

d Zeichnig

brashi ya rangi

dr Pinsel

sanduku la rangi

dr Malchaschte

mkasi

d Schär

gundi

dr Liim

daftari

s Üebigsheft

kazi ya nyumbani

d Huusufgabe

12

nambari

d Zahl

2+2

jumlisha

addiere

5-2

ondoa

subtrahiere

2×2

zidisha

multipliziere

kokotoa

rächne

A

barua

dr Buechstabe

ABCDEFG HIJKLMN OPQRSTU VWXYZ

alfabeti

s Alphabet

neno

s Wort

maandishi

dr Text

kusoma

läse

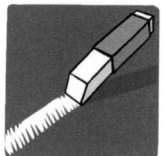

chaki

d Kriide

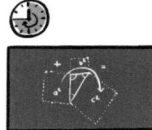

somo

d Lektion

sajili

s Klassäbuech

uchunguzi

d Prüefig

cheti

s Zügnis

sare za shule

d Schueluniform

elimu

d Usbildig

elezo

d Enzyklopädie

chuo kikuu

d Universität

darubini

s Mikroskop

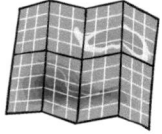

ramani

d Charte

kikapu cha kuweka karatasi
chafu

dr Papierchorb

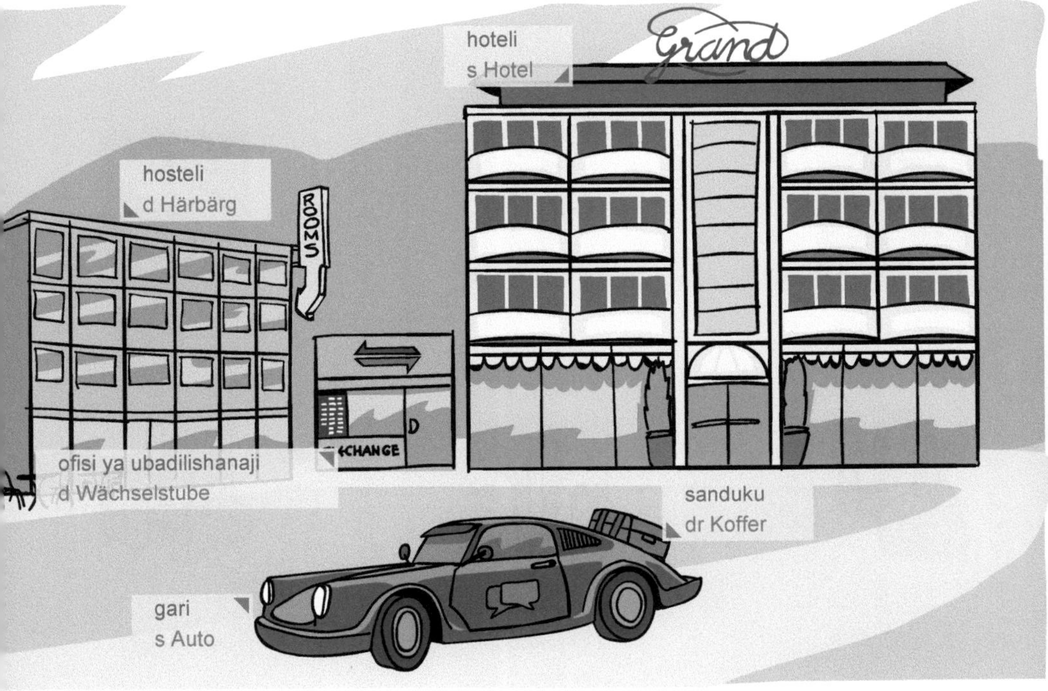
hoteli
s Hotel
Grand
hosteli
d Härbärg
ROOMS
ofisi ya ubadilishanaji
d Wächselstube
sanduku
dr Koffer
gari
s Auto

lugha

d Sprach

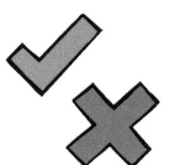

ndiyo / la

jo / nei

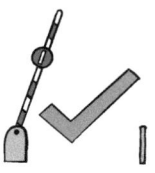

sawa

okay

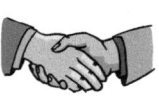

hujambo

Hallo

mtafsiri

dr Dolmetscher

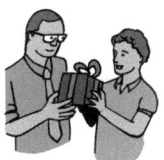

Asante

Dankä

kiasi gani ni ...?

Was chostet...?

Sielewi

Ich vrstahs nöd

tatizo

s Problem

Jioni njema!

Guete Abig!

Habari za asubuhi!

guete Morgä!

Usiku mwema!

guete Abig!

kwa heri

Uf Wiederseh

mwelekeo

d Richtig

mizigo

s Bagaasch

mfuko

d Täsche

shanta

dr Rucksack

mgeni

dr Gast

chumba

dr Ruum

begi la kulalia

dr Schlafsack

hema

s Zält

taarifa ya utalii

d Touristeninformation

ufuo

dr Strand

kadi

d Kreditkarte

kifunguakinywa

s Zmorge

chakula cha mchana

s Zmittag

chakula cha jioni

s Znacht

tiketi

s Billet

kuinua

dr Ufzug

muhuri

d Briefmarke

mpaka

d Gränze

mila

dr Zoll

ubalozi

d Botschaft

visa

s Visum

pasipoti

dr Pass

usafiri
dr Transport

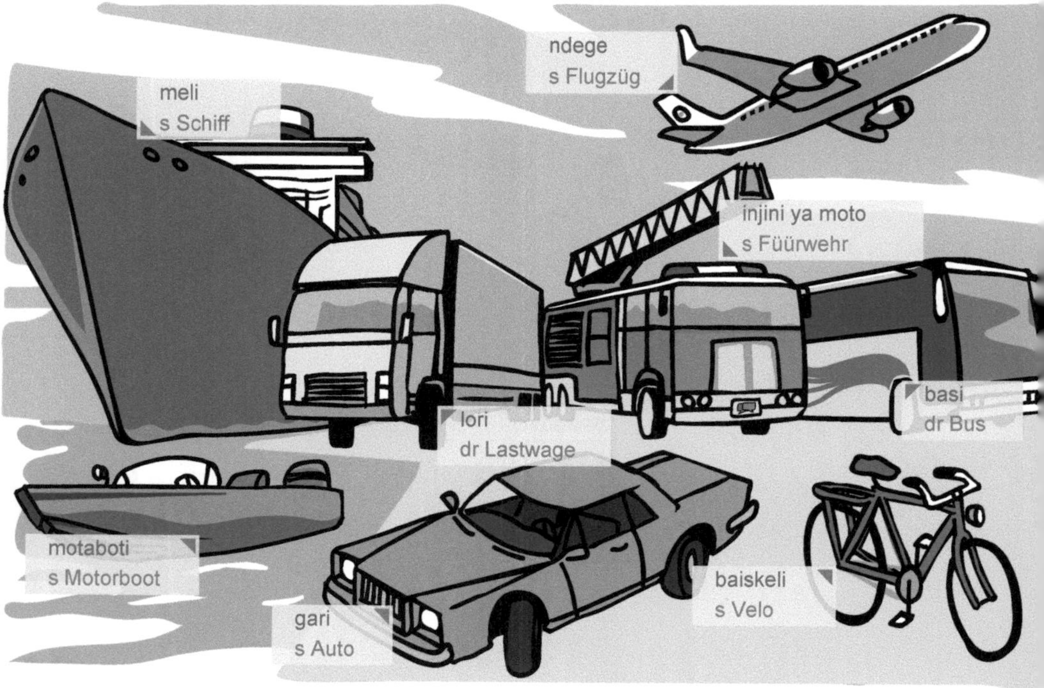

ndege
s Flugzüg
meli
s Schiff
injini ya moto
s Füürwehr
basi
dr Bus
lori
dr Lastwage
motaboti
s Motorboot
baiskeli
s Velo
gari
s Auto

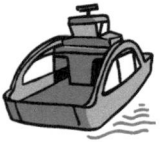

feri

d Fähri

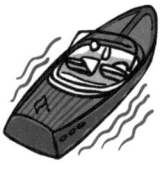

mashua

s Boot

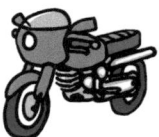

pikipiki

s Töff

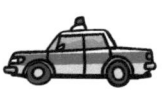

gari la polisi

s Polizeiauto

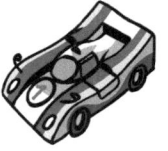

gari la mashindano

s Rännauto

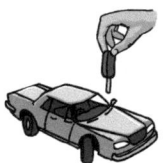

gari la kukodisha

dr Mietwage

kushiriki gari

s Carsharing

lori la kuvuta

dr Abschleppwage

ukusanyaji taka

dr Chübelwage

motor

dr Motor

mafuta

s Benzin

kituo cha mafuta

d Tankstell

ishara trafiki

s Verkehrsschild

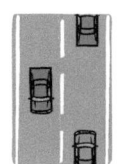

trafiki

dr Verchehr

msongamano

dr Stau

maegesho

dr Parkplatz

kituo cha treni

dr Bahnhof

reli

d Schiene

garimoshi

dr Zug

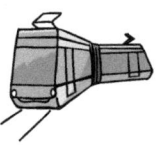

tremu

d Strassebahn

gari la mizigo

dr Wagon

helikopta
dr Helikopter

uwanja wa ndege
dr Flughafe

mnara
dr Tower

abiria
dr Passagier

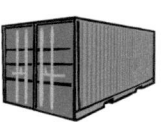

chombo
dr Container

katoni
dr Karton

mkokoteni
dr Chare

kikapu
dr Korb

ondoka
starte / lande

jiji

d Stadt

kijiji
s Dorf

katikati ya jiji
s Stadtzentrum

nyumba
s Huus

kibanda
d Hütte

gorofa
d Wohnig

kituo cha treni
dr Bahnhof

ukumbi wa mji
s Gmeindshuus

Makavazi
s Museum

shule
d Schuel

chuo kikuu
d Universität

benki
d Bank

hospitali
s Spital

hoteli
s Hotel

duka la dawa
d Apotheke

ofisi
s Büro

duka la kitabu
s Buechgschäft

duka
s Gschäft

duka la maua
dr Bluemelade

dukakuu
dr Läbensmittellade

soko
dr Märt

idara ya kuhifadhi
s Chaufhuus

mwuza samaki
dr Fischhändler

kituo cha ununuzi
s Iihkaufszentrum

bandari
dr Hafe

Hifadhi

dr Park

benki

d Bank

daraja

d Brugg

vidato

d Stäge

chini ya ardhi

d U-Bahn

handaki

dr Tunnell

kituo cha mabasi

d Bushaltestell

bar

d Bar

mgahawa

s Restaurant

sanduku la posta

dr Briefchastä

ishara ya barabara

s Strasseschild

mita ya maegesho

d Parkuhr

bustani ya wanyama

dr Zolli

kidimbwi cha kuogelea

d Badi

msikiti

d Moschee

shamba
dr Buurehof

uchafuzi
d Umwältvrschmutzig

makaburini
dr Fridhof

kanisa
d Chile

uwanja wa michezo
dr Spielplatz

hekalu
dr Tämpel

mazingira
d Landschaft

jani
s Blatt

ishara ya mwelekeo
dr Wägwiiser

njia
dr Wäg

malisho
d Wise

mtembeaji wa masafa
dr Wanderer

jiwe
dr Stei

mti
dr Baum

mto
dr Fluss

nyasi
s Gras

ua
d Bluamä

bonde
s Tal

kilima
dr Bärg

ziwa
dr See

msitu
dr Wald

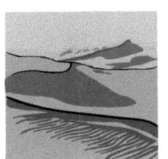

jangwa
d Wüeschti

volkano
dr Vulkan

ngome
s Schloss

upinde wa mvua
dr Rägeboge

uyoga
dr Pilz

mtende
d Palme

mbu
dr Moskito

kuruka
d Fliege

chungu
d Ameise

nyuki
s Biendli

buibui
d Spinne

mende

dr Chäfer

chura

dr Frosch

kuchakuro

s Eichhörnli

nungunungu

dr Igel

sungura

dr Haas

bundi

d Üle

ndege

d Vogu

swan

dr Schwan

nguruwe mwitu

s Wildschwein

kulungu

dr Hirsch

aina ya kongoni

dr Elch

bwawa

dr Damm

tabo ya upepo

d Windturbine

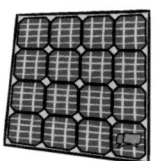

nishaji ya jua

dr Sunnekollektor

hali ya hewa

s Klima

mgahawa
s Restaurant

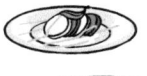

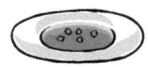

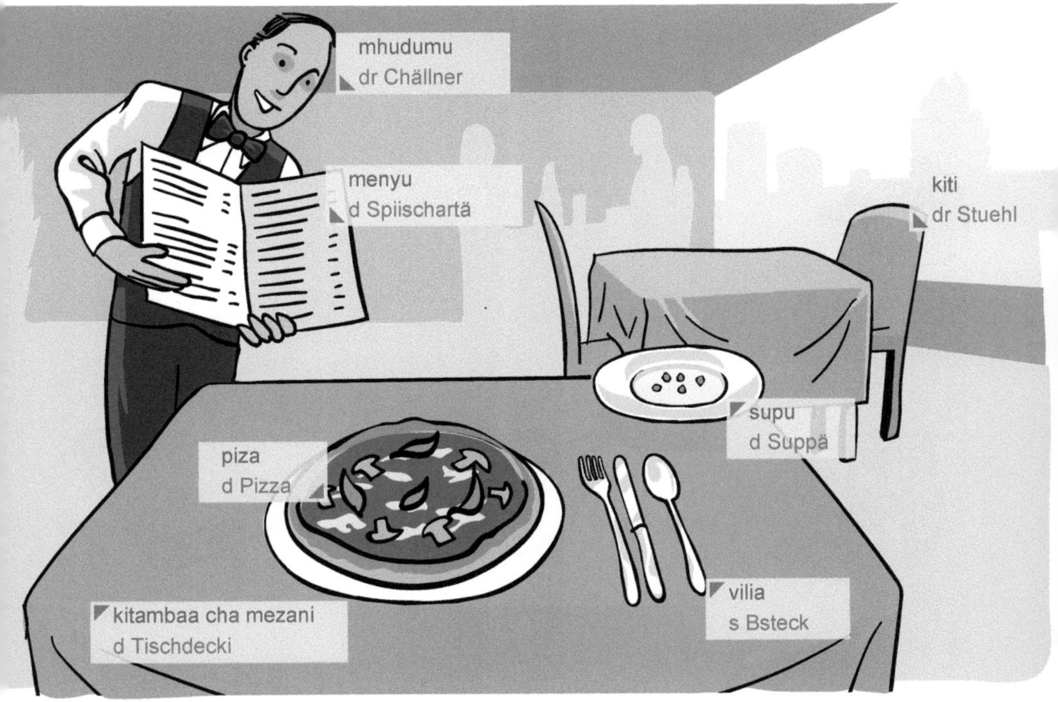
mhudumu
dr Chällner
menyu
d Spiischartä
kiti
dr Stuehl
supu
d Suppä
piza
d Pizza
vilia
s Bsteck
kitambaa cha mezani
d Tischdecki

kiamsha hamu
d Vorspiies

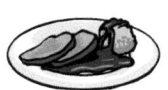

kozi kuu
s Hauptgricht

kitindamlo
s Dessert

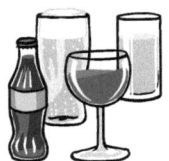

vinywaji
s Getränk

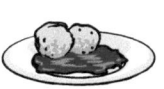

chakula
d Läbensmittel

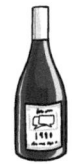

chupa
d Fläsche

chakula cha haraka

s Fast Food

Streetfood

s Street Food

buli

d Teechanne

kisanduku cha sukari

d Zuckerdosä

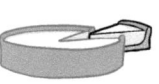

sehemu

d Portion

mashine ya espresso

d Espressomaschine

kiti kirefu

dr Hochstuehl

muswada

d Rächnig

trei

s Tablett

kisu

s Mässer

uma

d Gable

kijiko

dr Löffel

kijiko cha chai

dr Teelöffel

nepi

d Serviette

glasi

s Glas

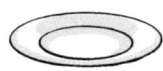

sahani
dr Täller

sahani ya supu
dr Suppetällär

sufuria
d Untertasse

mchuzi
d Sose

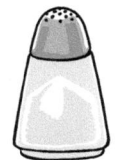

kichanyaji chumvi
dr Salzstreuer

kinu cha pilipili
d Pfäffermühli

siki
dr Essig

mafuta
s Öl

viungo
d Gwürz

kechapu
ds Ketchup

haradali
dr Sänf

kachumbari nzito
d Mayonnaise

dukakuu
dr Läbensmittellade

ofa maalum
s Ahgebot
FOR
mteja
dr Chund
maziwa
d Milchprodukt
matunda
d Frücht
toroli
dr Iichaufswage

BUTCHERS

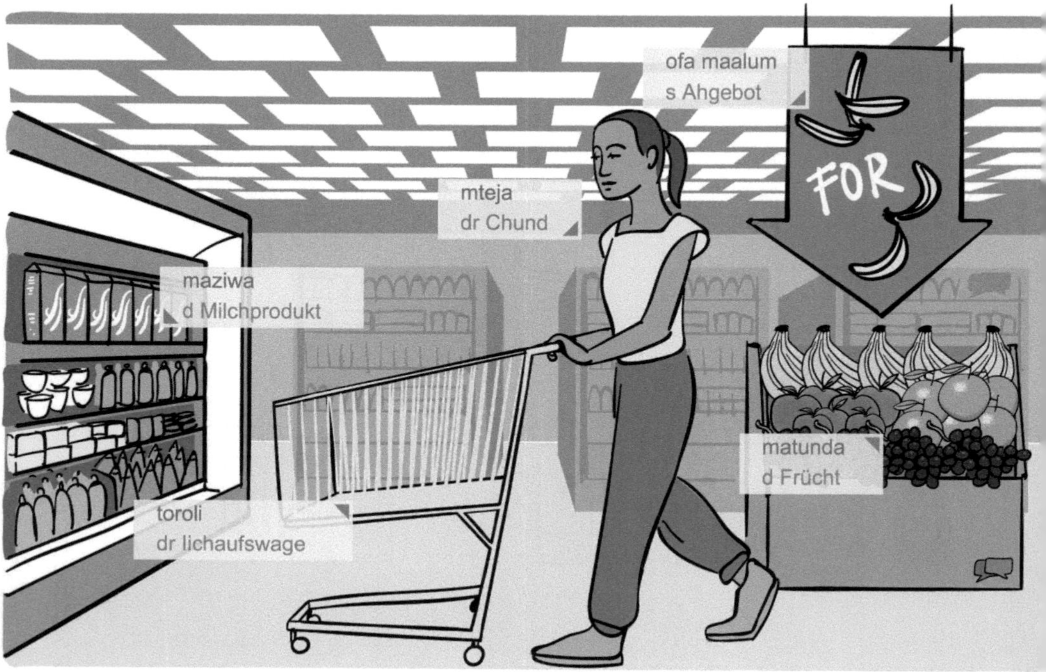

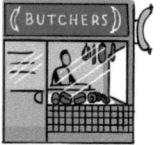

mchinjaji

dr Schlachter

BAKERY

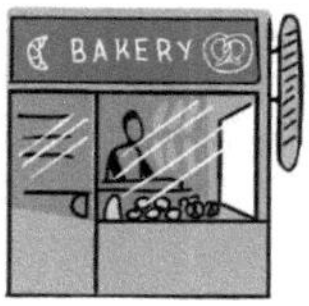

mwokaji

dr Beck

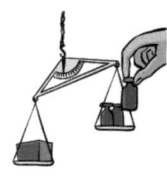

uzito

wiege

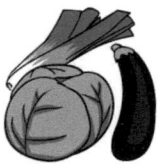

mboga

s Gmües

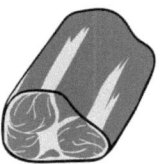

nyama

s Fleisch

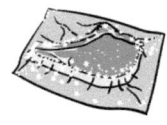

chakula waliohifadhiwa

d Tiefkühlprodukt

vipande vya nyama baridi

dr Ufschnitt

chakula cha kopo

d Konsärve

sabuni ya unga

s Wöschmittel

pipi

d Süessigkeite

bidhaa za kaya

d Huushaltartikel

bidhaa za kusafisha

s Putzmittel

mtu mauzo

d Verchäuferin

mpaka

d Kassä

keshia

dr Kassierer

orodha ya manunuzi

d Ihchaufsliste

masaa ya ufunguzi

d Öffnigszite

mkoba

s Portemonnaie

kadi

d Kreditkarte

mfuko

d Täsche

mfuko wa plastiki

dr Plastiksack

maji

s Wasser

sharubati

dr Saft

maziwa

d Milch

coke

d Cola

mvinyo

dr Wii

bia

s Bier

pombe

dr Alkohol

kakao

s Ovi

chai

dr Tee

kahawa

dr Kafi

spreso

dr Espresso

kapuchino

dr Cappuccino

ndizi

d Banane

tufaha

dr Öpfel

machungwa

d Orange

tikiti

d Melone

lemon

d Zitrone

karoti

s Rüebli

kitunguu saumu

dr chnoobli

mianzi

dr Bambus

kitunguu

d Zwiblä

uyoga

dr Pilz

karanga

d Nüss

nudo

d Nudle

spageti

d Spaghetti

mpunga

dr Riis

saladi

dr Salat

vibanzi

d Pommfrit

viazi vya kukaanga

d Bratherdöpfel

piza

d Pizza

hambaga

dr Hamburgär

sandwichi

s Sandwich

kipande

s Gotlett

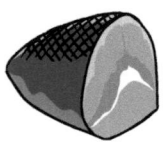

paja la mnyama

dr Schinkä

salami

d Salami

soseji

s Würschtli

kuku

s Huehn

choma

dr Bratä

samaki

dr Fisch

oats ya uji
d Haferflocke

muesli
s Müesli

cornflakes
d Cornflakes

unga
s Mähl

kroisanti
s Gipfeli

andazi
s Brötli

mkate
s Brot

mkate wa kubanika
dr Toscht

biskuti
s Guetzli

siagi
d Butter

maziwa mgando
dr Quark

keki
dr Chueche

yai
s Ei

yai kukaanga
s Spiegelei

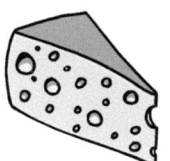

jibini
dr Chäs

aiskrimu

d Glace

sukari

dr Zucker

asali

dr Honig

jemu

d Gonfi

kuenea kwa chokoleti

d Nougat-Creme

mchuzi wa viungo

s Curry

shamba
dr Buurehof

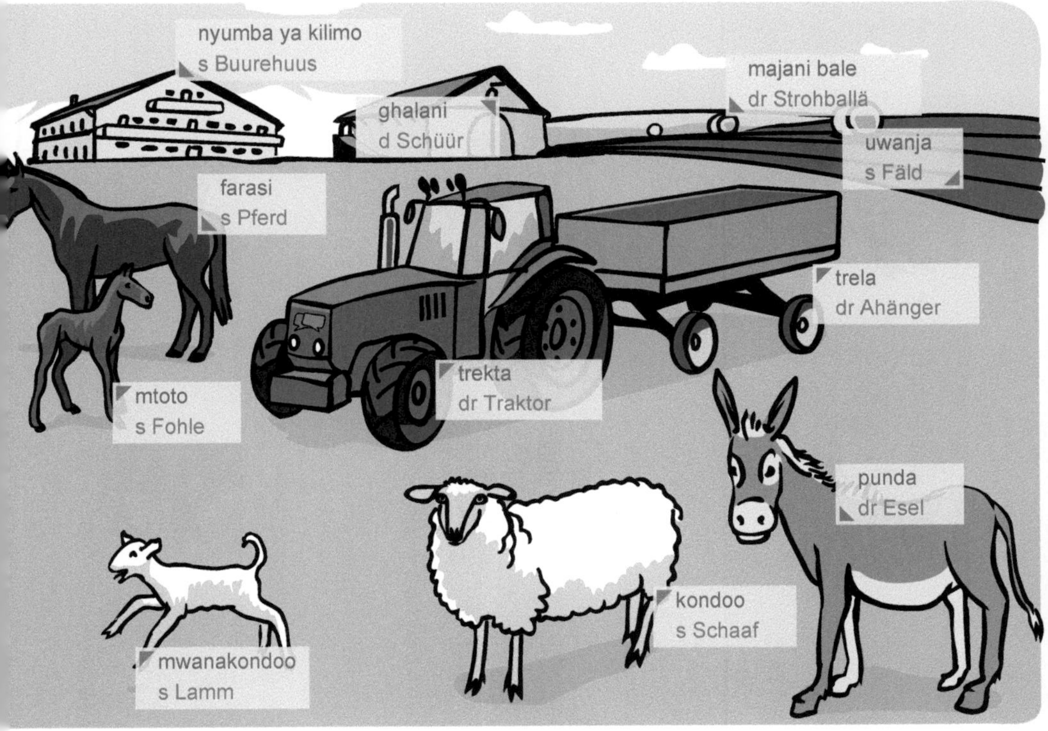
nyumba ya kilimo
s Buurehuus
ghalani
d Schüür
majani bale
dr Strohballä
uwanja
s Fäld
farasi
s Pferd
trela
dr Ahänger
trekta
dr Traktor
mtoto
s Fohle
punda
dr Esel
kondoo
s Schaaf
mwanakondoo
s Lamm

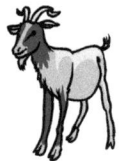

mbuzi

d Geiss

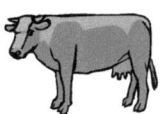

ng'ombe

d Chueh

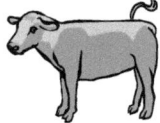

ndama

s Chalb

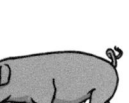

nguruwe

d Sau

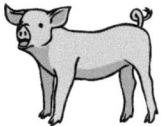

mwananguruwe

s Ferkel

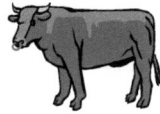

fahali

s Rind

batabukini

d Gans

bata

d Änte

kifaranga

s Küke

kuku

s Huähn

jogoo

dr Güggel

panya

d Ratte

paka

d Chatz

panya

d Muus

ng'ombe

dr Ochse

mbwa

dr Hund

nyumba ya mbwa

d Hundehütte

bomba la bustani

dr Garteschluuch

debe la kumwagilia maji

d Giesschanne

fyekeo

d Sägese

kulima

dr Pflueg

mundu

d Sichel

jembe

d Hacke

uma wa nyasi

d Heugable

shoka

d Axt

toroli

d Garette

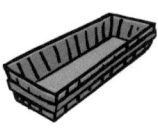

kupitia nyimbo

dr Trog

chombo cha maziwa

d Milchchanne

gunia

dr Sack

ua

dr Haag

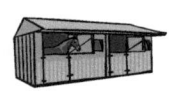

imara

dr Gadä

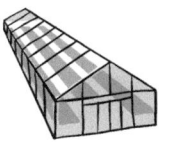

chafu

s Gwächshuus

udongo

dr Bode

mbegu

dr Soome

mbolea

dr Dünger

kivunaji

dr Mähdrescher

mavuno

ärnte

mavuno

d Ärnte

viazi vikuu

d Yamswurzle

ngano

dr Weize

soya

s Soja

viazi

dr Härdöpfel

mahindi

dr Mais

rapa

dr Raps

mti wa matunda

dr Obstbaum

muhogo

dr Maniok

nafaka

s Getreide

nyumba
s Huus

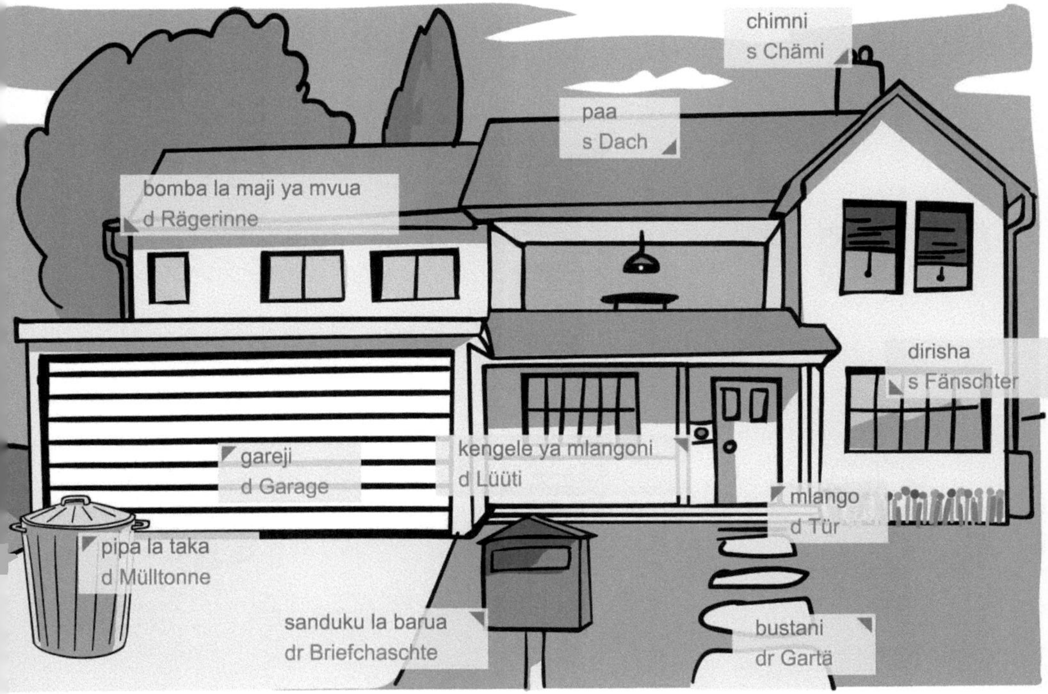
chimni
s Chämi
paa
s Dach
bomba la maji ya mvua
d Rägerinne
dirisha
s Fänschter
gareji
d Garage
kengele ya mlangoni
d Lüüti
mlango
d Tür
pipa la taka
d Mülltonne
sanduku la barua
dr Briefchaschte
bustani
dr Gartä

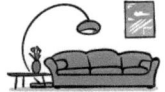

sebuleni

s Stubä

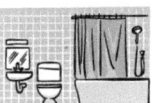

bafu

s Badzimmer

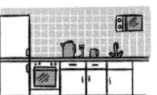

jikoni

d Chuchi

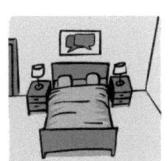

chumba cha kulala

s Schlofzimmer

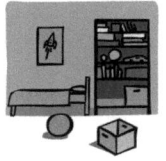

chumba ya mtoto

s Chinderzimmer

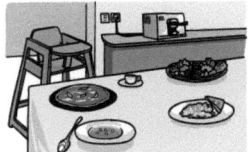

chumba cha kulia

s Ässzimmer

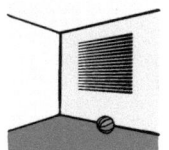

sakafu

dr Bodä

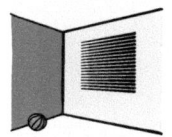

ukuta

d Wand

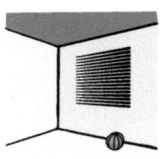

dari

d Decki

pishi

dr Chäller

sauna

d Sauna

roshani

dr Balkon

mtaro

d Terasse

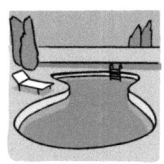

kidimbwi

s Pool

mashine ya kukata nyasi

dr Rasemäier

karatasi

dr Bettbezug

kitambaa cha kupamba
kitanda

d Bettdecki

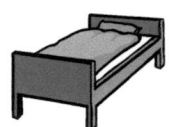

kitanda

s Bett

ufagio

dr Bäse

ndoo

dr Chübel

kubadili

dr Schalter

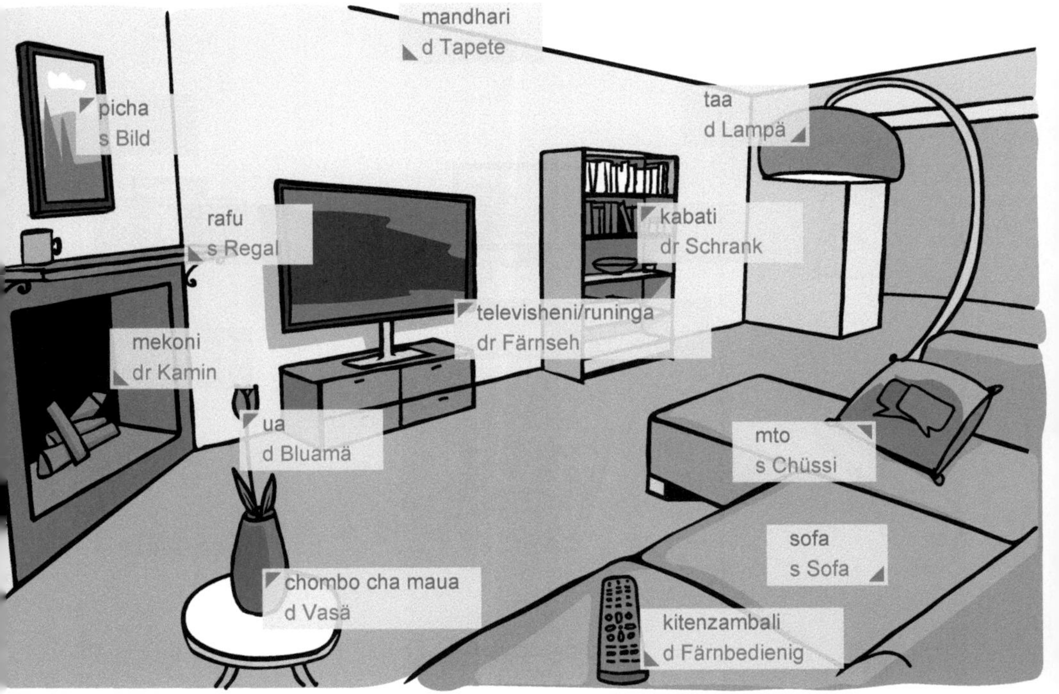

mandhari
d Tapete

picha
s Bild

taa
d Lampä

rafu
s Regal

kabati
dr Schrank

mekoni
dr Kamin

televisheni/runinga
dr Färnseh

ua
d Bluamä

mto
s Chüssi

sofa
s Sofa

chombo cha maua
d Vasä

kitenzambali
d Färnbedienig

zulia

dr Teppich

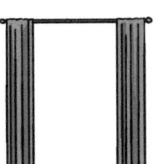

pazia

dr Vorhang

meza

dr Tisch

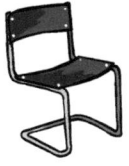

kiti

dr Stuehl

kiti cha bembea

dr Schaukelstuehl

armchair

dr Sässel

kitabu

s Buech

blanketi

d Decki

mapambo

d Dekoration

kuni

s Füürholz

filamu

dr Film

kifaa cha hi-fi

d Stereoahlag

ufunguo

dr Schlüssel

gazeti

d Ziitig

uchoraji

s Bild

bango

s Poster

redio

s Radio

daftari

dr Notizblock

kifyonza

dr Staubsuuger

dungusi kakati

dr Kaktus

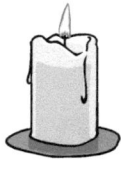

mshumaa

d Chärze

jikoni
d Chuchi

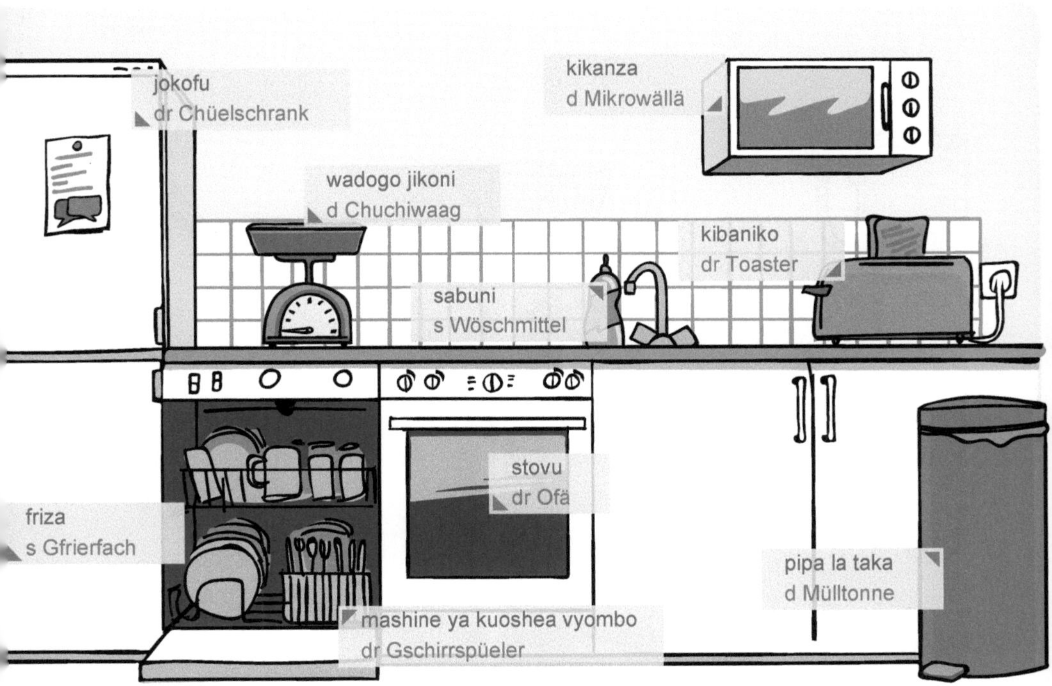
jokofu
dr Chüelschrank
kikanza
d Mikrowällä
wadogo jikoni
d Chuchiwaag
kibaniko
dr Toaster
sabuni
s Wöschmittel
stovu
dr Ofä
friza
s Gfrierfach
pipa la taka
d Mülltonne
mashine ya kuoshea vyombo
dr Gschirrspüeler

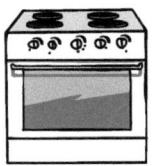

jiko la kupika

dr Härd

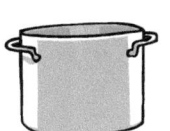

chungu

dr Topf

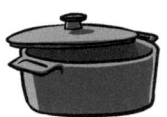

sufuria ya chuma

dr Iisetopf

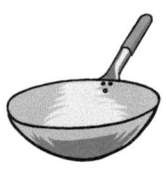

wok / kadai

dr Wok / Kadai

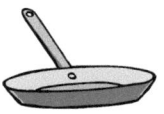

kaango

d Pfanne

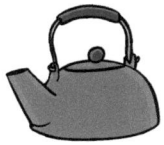

birika

dr Wasserchocher

stima

dr Dampfer

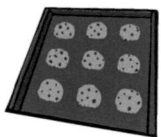

sinia ya kuoka

s Bachbläch

vyombo vya udongo

s Gschirr

kombe

dr Bächer

bakuli

d Schale

vijiti vya kulia

d Stäbli

ukawa

d Suppechellä

mwiko mpana

dr Pfannewänder

burashi

dr Schneebäse

kichujio

s Sieb

chujio

s Sieb

mbuzi

d Raffle

chokaa

dr Mörser

barbeque

dr Grill

moto wazi

d Füürstell

ubao wa majaribio
....
s Schniidbrätt

kijiti cha kusukuma unga
....
s Nudelholz

kizibuo
....
dr Korkäzieher

kopo
....
d Dosä

inaweza kopo
....
dr Dosäöffner

kishikio cha chungu
....
dr Topflappä

karo
....
s Wöschbecki

brashi
....
d Bürste

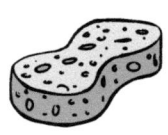

sifongo
....
dr Schwumm

kisagaji matunda
....
dr Mixer

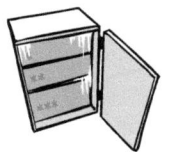

friji ya kina
....
dr Gfrierschrank

chupa ya mtoto
....
s Babyfläschli

bomba
....
dr Hahnä

bafu

s Badzimmer

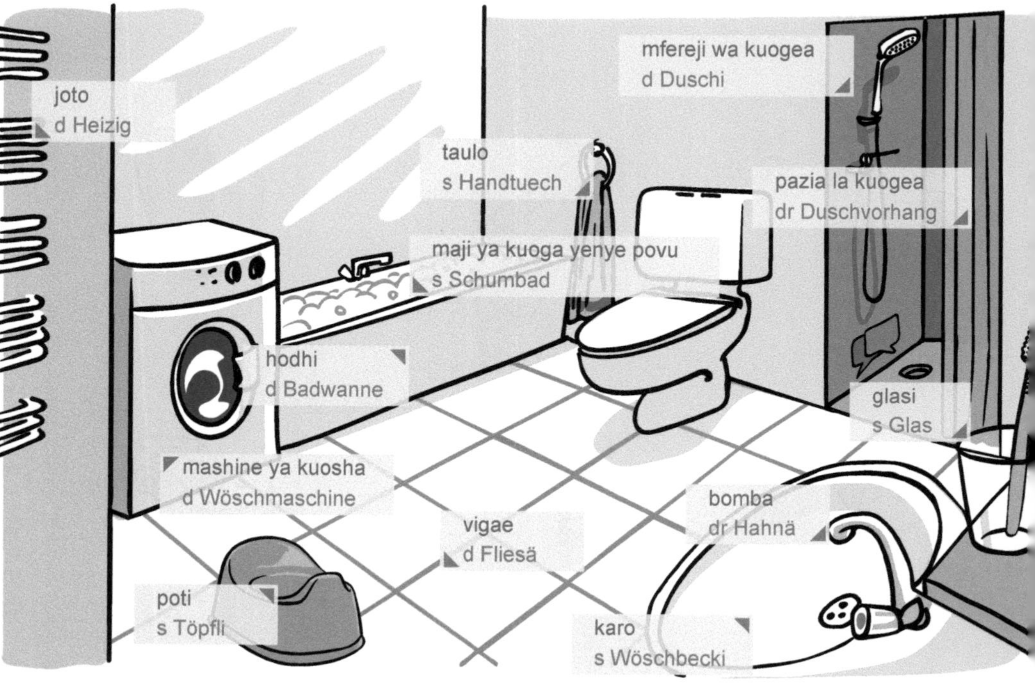

joto
d Heizig
mfereji wa kuogea
d Duschi
taulo
s Handtuech
pazia la kuogea
dr Duschvorhang
maji ya kuoga yenye povu
s Schumbad
hodhi
d Badwanne
glasi
s Glas
mashine ya kuosha
d Wöschmaschine
bomba
dr Hahnä
vigae
d Fliesä
poti
s Töpfli
karo
s Wöschbecki

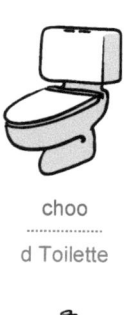

choo

d Toilette

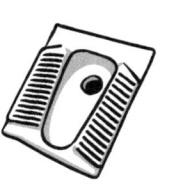

choo cha squat

s Plumpsklo

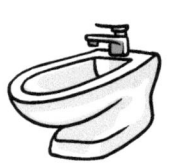

beseni la mviringo

s Bidet

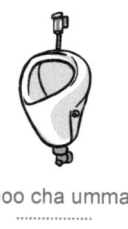

choo cha umma

s Pissoir

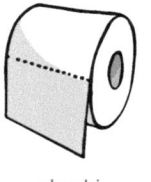

shashi

ds Toilettepapier

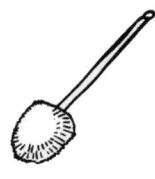

brashi ya choo

d Toilettebürschteli

mswaki

d Zahbürstä

dawa ya meno

d Zahpasta

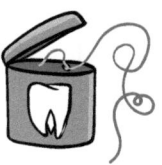

dawa ya meno

d Zahnsiide

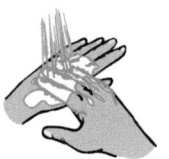

safisha

wäsche

kuoga mkono

d Handduschi

msukumo wa maji

d Intiimduschi

bonde

s Wöschbecki

mpako wa pili

d Ruggäbürste

sabuni

d Seifä

jeli ya kuogea

s Duschgel

shampuu

s Shampoo

flana

dr Waschlappä

toa maji

dr Abfluss

krimu

d Creme

kiondoa harufu

s Deo

bafu - s Badzimmer

kioo
dr Spiegel

kioo mkono
dr Handspiegel

kinyozi
dr Rasierer

povu la kunyoa
dr Rasierschuum

baada ya kunyoa
s Aftershave

kichana
dr Schträäl

brashi
d Bürstä

kikausha nywele
dr Föhn

marashi ya nyewele
s Hoorspray

vipodozi
s Makeup

kidomwa
dr Lippestift

varnish ya msumari
dr Nagellack

pamba
d Wattä

mkasi wa kucha
d Nagelscher

manukato
s Parfum

mkoba wa kuosha
s Necessaire

kinyesi
dr Schemel

mizani
d Waag

nguo ya kuoga
dr Badmantel

glavu za mpira
dr Gummihändscheh

kisodo
s Tampon

sodo
d Damebinde

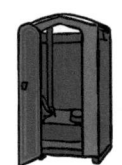

kemikali choo
d chemischi Toilette

chumba ya mtoto

s Chinderzimmer

saa ya kengele
dr Wecker
kidoli cha kupakata
s Kuscheltier
gari bandia
s Spielzügauto
kelele
d Rassle
chumba cha midoli
s Puppehuus
sasa
s Gschänk

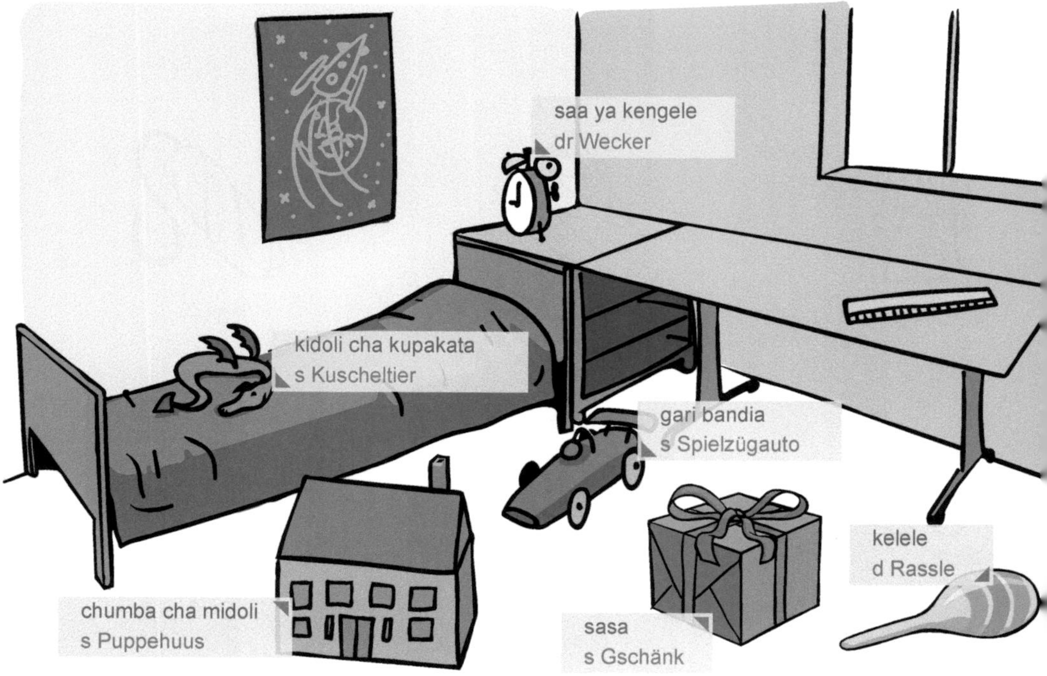

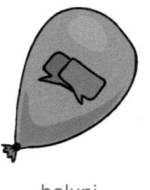

baluni

dr Ballon

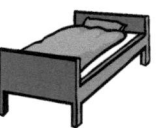

kitanda

s Bett

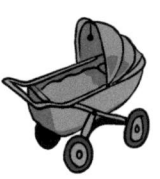

mashua

dr Chinderwage

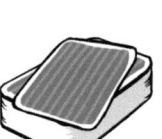

staha ya kadi

s Chartespiel

mchezo-fumb

s Puzzle

SUPER
MEGA

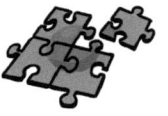

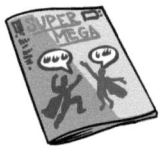

vichekesho

dr Comic

matofali lego
d Legos

vitalu mwigo
d Baustei

hatua takwimu
d Action Figur

suti ya kulalia
s Strampli

kisahani
s Frisbee

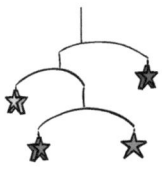

simu
s Mobile

ubao wa michezo
s Brättspiel

kete
dr Würfäl

garimoshi mwigo
d Modellisebahn

dummy
dr Nuggi

chama
d Party

picha kitabu
s Bilderbuch

mpira
dr Ball

kikaragosi
d Puppä

kucheza
spiele

shimo la mchanga

dr Sandchaschte

bembea

d Gigampfi

vitu bandia

s Spielzüg

kiweko cha video ya mchezo

d Videospielkonsole

baiskeli ya magurudumu

s Dreirad

matatu

mwanasesere

dr Teddy

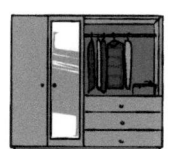

kabati

dr Chleiderschrank

nguo
d Chleidig

soksi

d Sockä

stokingi

d Strümpf

kibano

d Strumpfhosä

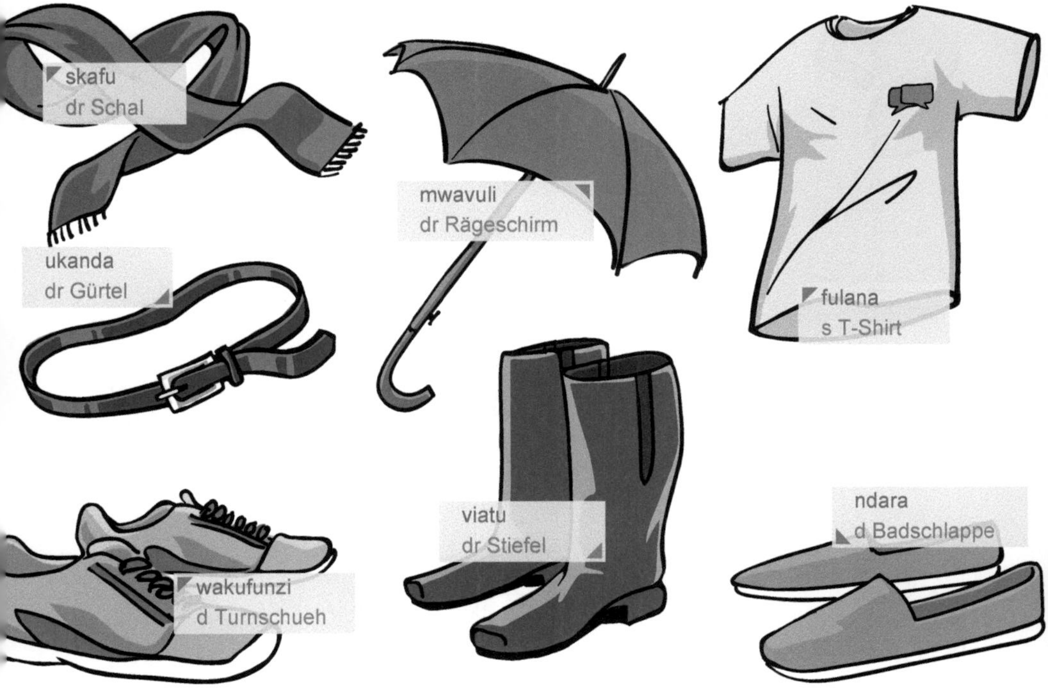

skafu
dr Schal

mwavuli
dr Rägeschirm

ukanda
dr Gürtel

fulana
s T-Shirt

wakufunzi
d Turnschueh

viatu
dr Stiefel

ndara
d Badschlappe

malapa
d Sandalä

viatu
d Schueh

mabuti ya mpira
d Gummistiefel

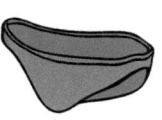

suruali ya ndani
d Untrhosä

sidiria
dr BH

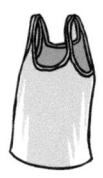

fulana
s Underlibli

mwili

dr Body

suruali

d Hosä

dangirizi

d Jeans

sketi

dr Rock

blauzi

d Bluse

shati

s Hömli

vuta

dr Pulli

sweta

dr Kapuzepulli

bleza

dr Blazer

jaketi

d Jacke

koti

dr Mantel

koti la mvua

dr Rägämantel

maleba

s Chostüm

gauni

s Chleid

mavazi ya harusi

s Hochziitskleid

suti

dr Ahzug

vazi la usiku

s Nachthömli

pajama

s Pyjama

sari

dr Sari

skafu

s Chopftuäch

kilemba

dr Turban

burka

d Burka

kaftan

dr Kaftan

abaya

d Abaya

vazi la kuogelea

s Badchleid

vazi la kiume la kuogelea

d Badhose

kaptura

d churzi Hosä

teitei

dr Trainer

aproni

d Schürze

glavu

d Händsche

kifungo

dr Chnopf

glasi

d Brüllä

bangili

s Armband

mkufu

d Chetti

pete

dr Ring

herini

dr Ohrering

kofia

d Chappe

kiango cha koti

dr Chleiderbügel

kofia

dr Huet

tai

d Grawattä

zipu

dr Riissverschluss

kofia

dr Helm

kanda za suruali

dr Hosäträger

sare za shule

d Schueluniform

sare

d Uniform

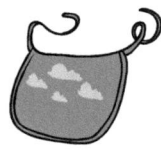

bibu

s Lätzli

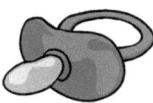

dummy

dr Nuggi

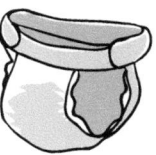

nepi

d Windle

ofisi

s Büro

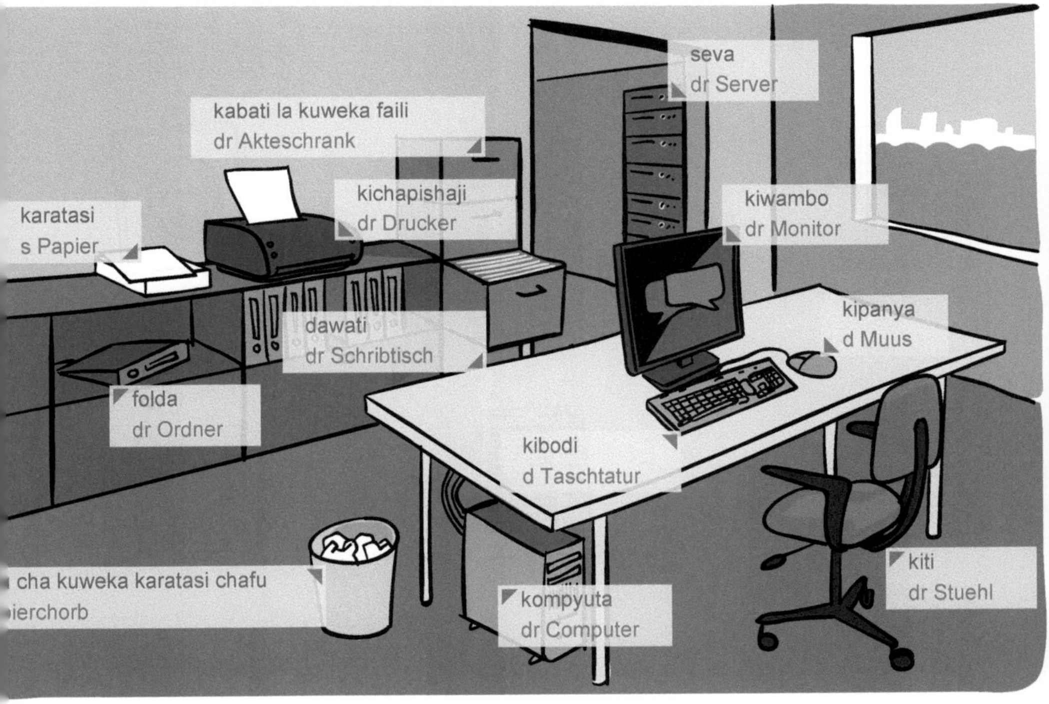
seva
dr Server
kabati la kuweka faili
dr Akteschrank
kichapishaji
dr Drucker
karatasi
s Papier
kiwambo
dr Monitor
dawati
dr Schribtisch
kipanya
d Muus
folda
dr Ordner
kibodi
d Taschtatur
cha kuweka karatasi chafu
ierchorb
kompyuta
dr Computer
kiti
dr Stuehl

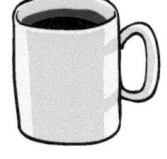

kmobe la kahawa

dr Kafibächer

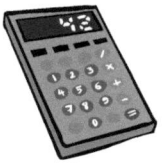

kikokotoo

dr Tascherächner

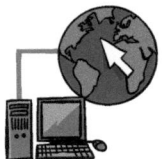

biashara

s Internet

mbali

dr Laptop

barua

dr Brief

ujumbe

d Nochricht

rununu

s Mobiltelefon

intaneti

s Netzwärk

fotokopia

dr Kopierer

programu

d Software

simu

s Telefon

soketi

d Steckdosä

kipepesi

s Fax

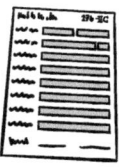

fomu

s Formular

hati

s Dokumänt

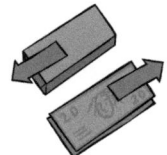

kununua

chaufe

kulipa

zahle

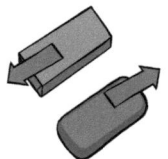

biashara

handle

fedha

s Gäld

dola

dr Dollar

yuro

dr Euro

yeni

dr Yen

rouble

dr Rubel

faranga ya Uswisi

dr Frankä

renminbi yuan

dr Renminbi Yuan

rupia

d Rupie

eneo la kulipia

dr Gäldautomat

ofisi ya ubadilishanaji

d Wächselstube

dhahabu

s Gold

fedha

s Silber

mafuta

s Öl

nishati

d Energie

bei

dr Preis

mkataba

dr Vertrag

kodi

d Stüür

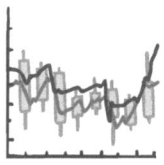

bidhaa

d Aktie

kazi

schaffe

mfanyakazi

dr Mitarbeiter

mwajiri

dr Arbeitgeber

kiwanda

d Fabrik

duka

s Gschäft

afisa wa polisi
dr Polizischt

mzimamoto
dr Füürwehrmaa

mpishi
dr Choch

daktari
dr Arzt

rubani
dr Pilot

mtunza bustani

dr Gärtner

seremala

dr Zimmermah

mshonaji

d Näheri

hakimu

dr Richter

mwanakemia

dr Chemiker

muigizaji

dr Darsteller

dereva wa basi

dr Busfahrer

dereva wa teksi

dr Taxifahrer

mvuvi

dr Fischer

mwanamke wa kusafisha

d Putzfrau

mwezekaji

dr Dachdecker

mhudumu

dr Chällner

mwindaji

dr Jäger

mchoraji

dr Moler

mwokaji

dr Bäcker

umeme

dr Elektriker

mjenzi

dr Bauarbeiter

mhandisi

dr Ingenieur

mchinjaji

dr Schlachter

fundi bomba

dr Klämpner

mwanaposta

dr Pöschtler

mwanajeshi

dr Soldat

msanifu majengo

dr Architekt

keshia

dr Kassierer

muuza maua

dr Florischt

msusi

dr Frisör

kondakta

dr Kontrolleur

mekanika

dr Mechaniker

nahodha

dr Kapitän

daktari wa meno

dr Zahnarzt

mwanasayansi

dr Wüsseschaftler

rabbi

dr Rabbi

imamu

dr Imam

mtawa

dr Mönch

kasisi

dr Pfarrer

zana
d Werkzüüg

nyundo
dr Hammer
koleo
d Zangä
bisibisi
dr Schruubedreier
spana
dr Schrubeschlüssel
kurunzi
d Taschelampä
15

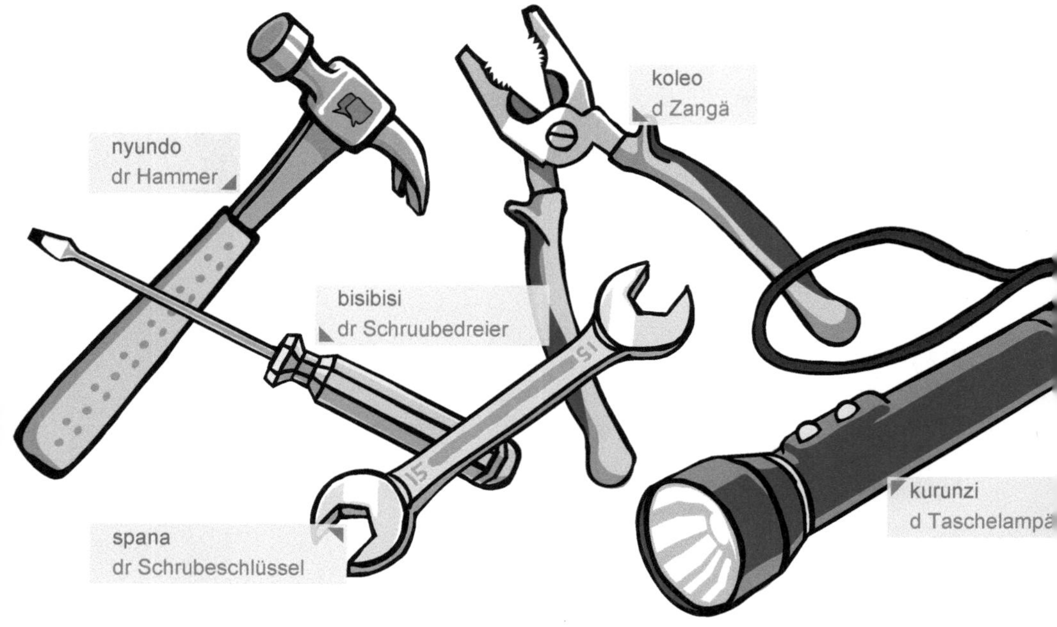

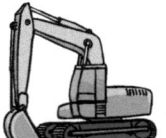

mchimbaji
dr Bagger

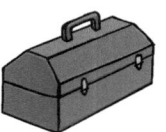

sanduku la vifaa
dr Werkzüügchaschte

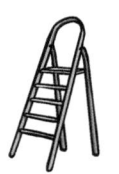

ngazi
d Leitere

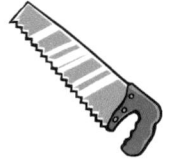

msumeno
d Sagi

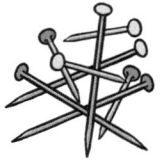

misumari
d Negel

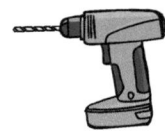

kuchimba visima
dr Bohrer

kukarabati

flicke

sepetu

d Schufle

Lo!

Mischt!

kishikio cha uchafu

d Ascheschufle

chungu cha rangi

dr Farbchübel

skurubu

d Schruube

ala za muziki
d Musiginstrumänt

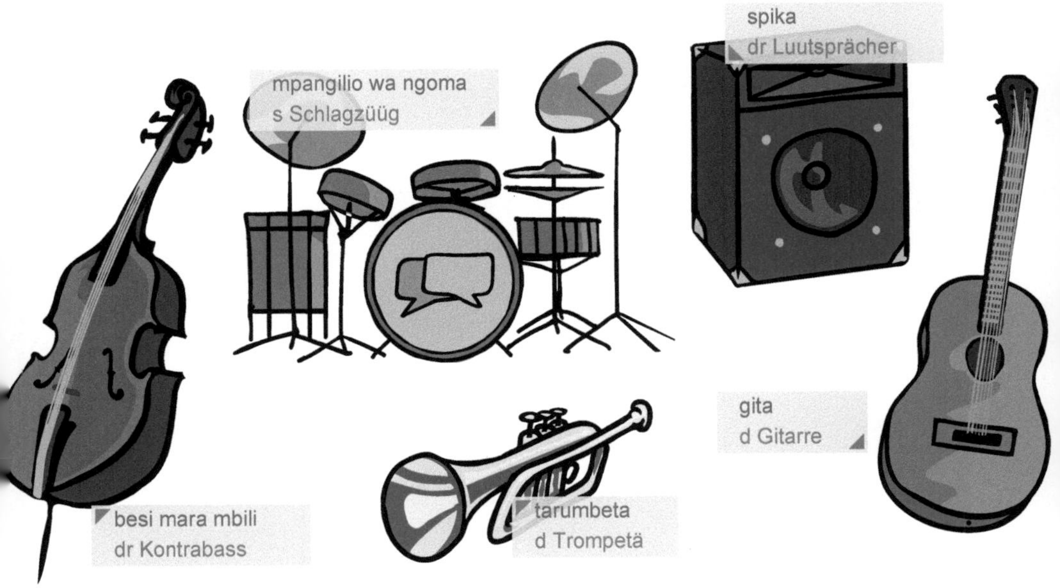

spika
dr Luutsprächer

mpangilio wa ngoma
s Schlagzüüg

gita
d Gitarre

besi mara mbili
dr Kontrabass

tarumbeta
d Trompetä

piano

s Klavier

fidla

d Violine

ubeji

dr Bass

timpani

d Pauke

ngoma

d Trummle

kibodi

s Keyboard

saksafoni

s Saxophon

filimbi

d Flöte

maikrofoni

s Mikrofon

bustani ya wanyama
dr Zolli

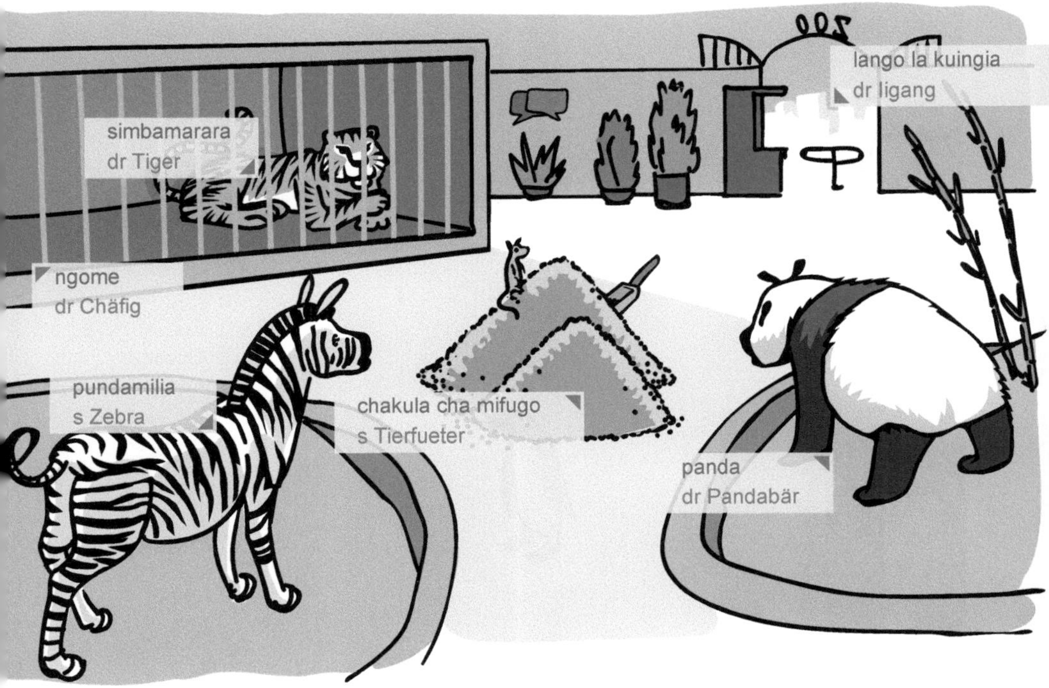

lango la kuingia
dr Iigang
simbamarara
dr Tiger
ngome
dr Chäfig
pundamilia
s Zebra
chakula cha mifugo
s Tierfueter
panda
dr Pandabär

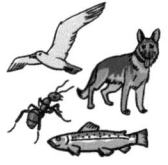

wanyama

d Tier

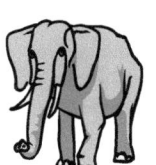

tembo

dr Elefant

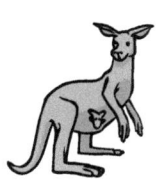

kangaruu

s Känguru

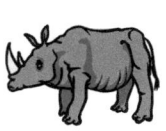

kifaru

s Nashorn

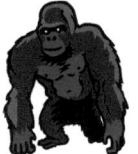

sokwe

dr Gorilla

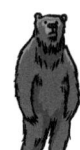

dubu

dr Bär

ngamia

s Kamel

mbuni

dr Struss

simba

dr Leu

tumbili

dr Aff

heroe

dr Flamingo

kasuku

dr Papagei

dubu

dr Iisbär

penguini

dr Pinguin

papa

dr Hai

tausi

dr Pfau

nyoka

d Schlangä

mamba

s Krokodil

mtunza wanyama

dr Zoowärter

muhuri

d Robbä

jaguar

dr Jaguar

mwanafarasi

s Pony

chui

dr Leopard

kiboko

s Nilpfärd

twiga

d Giraff

tai

dr Adler

nguruwe mwitu

s Wildschwein

samaki

dr Fisch

kobe

d Schildkrot

sili

s Walross

mbweha

dr Fuchs

paa

d Gazelle

soka ya marekani
s American Football

uendeshaji baiskeli
s Velofahre

tenisi
s Tennis

mpira wa kikapu
dr Basketball

kuogelea
s Schwümmä

ndondi
s Boxä

magongo ya barafuni
s lishockey

soka

dr Fuessball

vinyoya

s Badminton

riadha

d Liechtathletik

mpira wa mikono

dr Handball

skii

s Skifahre

polo

s Polo

shughuli
d Aktivitäte

cheka
lachä
kuruka
springä
kumbatia
umarme
kutembea
gah
kuimba
singe
ota ndoto
troime
kuomba
bätte
busu
küssä

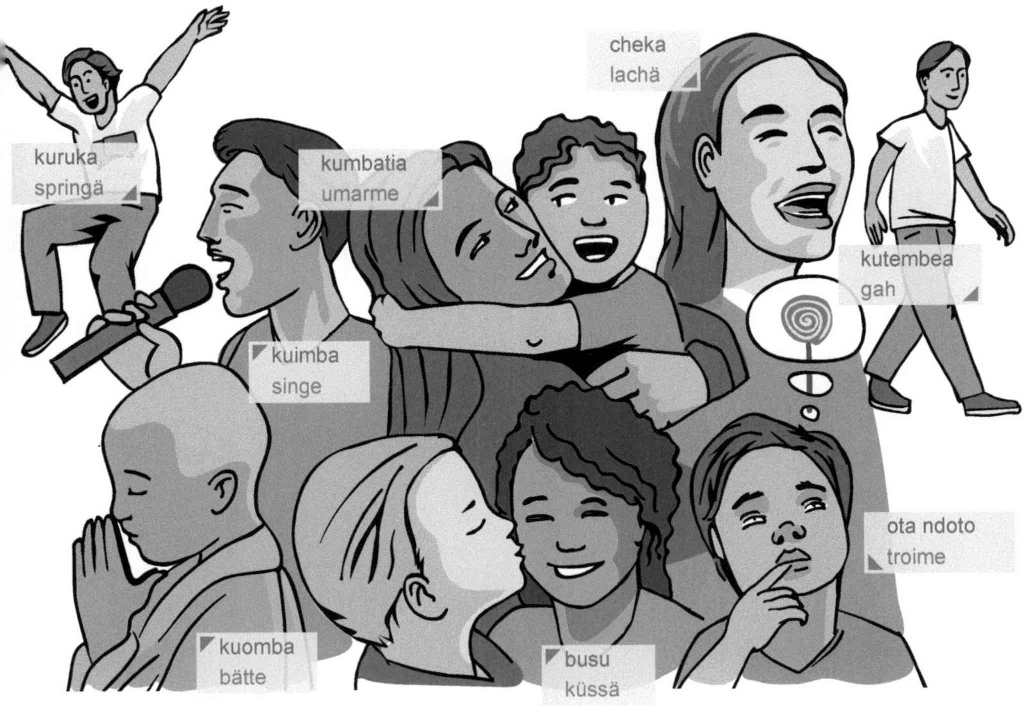

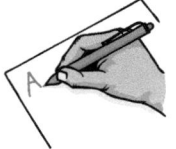

kuandika

schribe

kuteka

zeichne

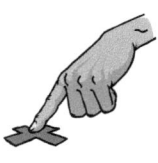

angalia

zeige

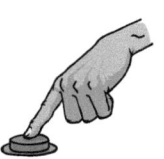

sukuma

schiebe

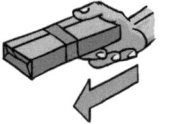

kutoa

gäh

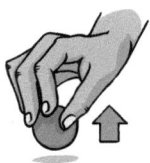

kuchukua

näh

kuwa

händ

fanya

mache

kuwa

sy

kusimama

stah

kukimbia

laufe

vuta

zieh

kutupa

rüerä

kuanguka

fallä

hadaa

ligge

kusubiri

warte

kubeba

träge

kukaa

sitze

vaa nguo

ahzieh

usingizi

schlafe

kuamka

ufwache

kuangalia

ahluege

lia

brüele

kiharusi

striichle

chana nywele

bürste

ongea

redä

kuelewa

verschtah

kuuliza

froog

kusikiliza

lose

kunywa

trinke

kula

ässe

nadhifisha

ufruume

upendo

liebe

mpishi

chochä

gari

fahre

kuruka

flüge

meli

segle

kokotoa

rächne

kusoma

läse

kujifunza

leerä

kazi

schaffe

kuoa

hürate

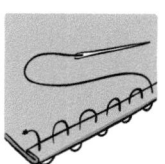

kushona

näije

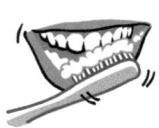

piga mswaki

Zäh putze

kuua

töte

moshi

schlootä

kutuma

sände

bibi
Grossmuetter

babu
dr Grossvater

baba
dr Vatter

mama
d Muetter

mtoto
s Baby

binti
d Tochter

bin
dr Sohn

mgeni

dr Gast

shangazi

d Tante

mjomba

dr Unkel

kaka

dr Brüeder

dada

d Schwöschter

mwili
dr Körpär

paji la uso
d Stirn
jicho
ds Aug
bega
d Schultere
kidole
dr Fingär
uso
s Gsicht
kidevu
s Chüni
mkono
d Hand
mguu
s Bei
matiti
d Bruscht
mkono
dr Arm

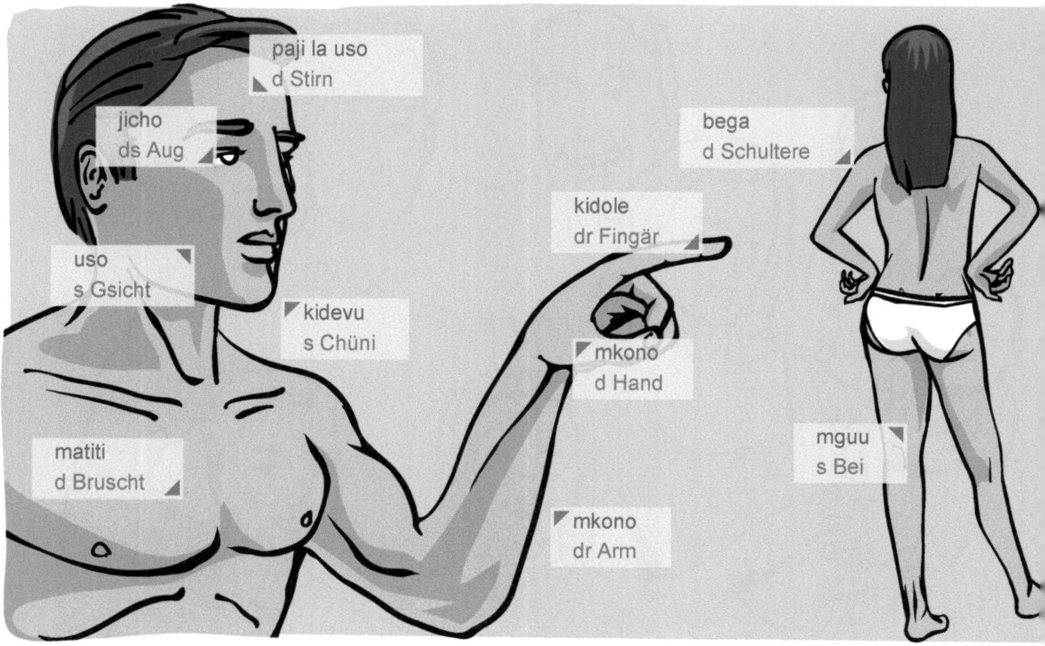

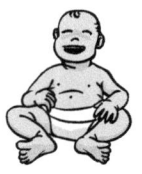

mtoto

s Baby

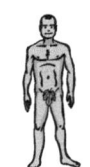

mwanamume

dr Mah

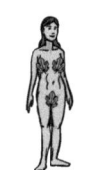

mwanamke

d Frau

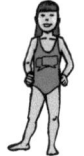

msichana

s Meitli

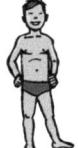

mvulana

dr Bueb

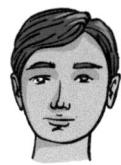

kichwa

dr Chopf

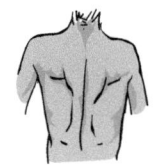

nyuma

dr Ruggä

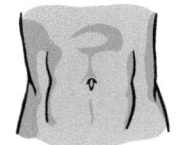

tumbo

dr Buuch

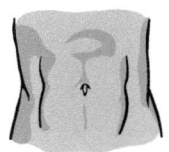

kitovu

dr Buchnabel

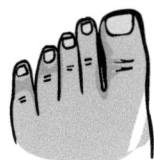

chano

dr Zäche

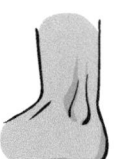

kisigino

d Fersä

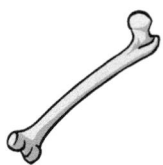

mfupa

d Knoche

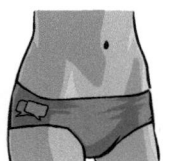

nyonga

d Hüfte

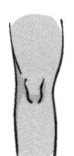

goti

s Chnü

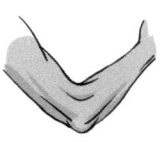

kiwiko

dr Ellbogä

pua

d Nase

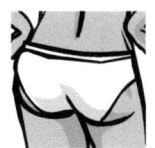

chini

s Füdli

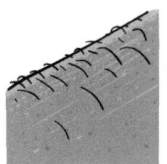

ngozi

d Hut

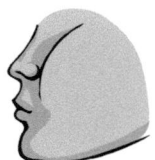

shavu

d Bagge

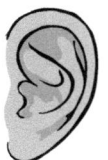

sikio

s Ohr

mdomo

d Lippe

kinywa

s Muul

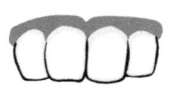

jino

dr Zah

ulimi

d Zungä

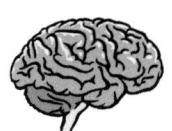

ubongo

s Hirni

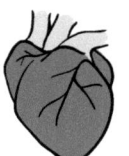

moyo

s Härz

misuli

dr Muskel

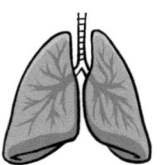

pafu

d Lungä

ini

d Läberä

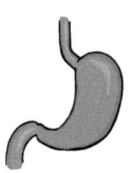

tumbo

dr Magen

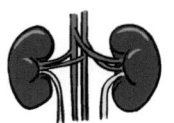

figo

d Nierä

jinsia

dr Gschlächtsvrkehr

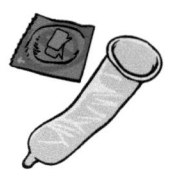

kondomu

s Kondom

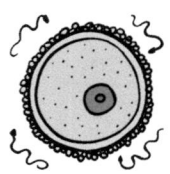

ovari

d Eizälle

shahawa

dr Soome

mimba

d Schwangerschaft

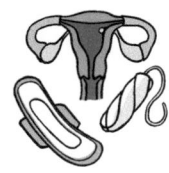

hedhi
....
d Menstruation

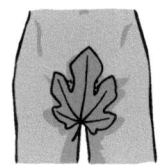

uke
....
d Vagina

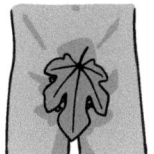

uume
....
dr Penis

unyusi
....
d Augebrauä

nywele
....
s Haar

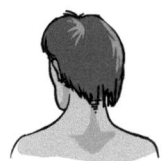

shingo
....
dr Hals

hospitali
s Spital

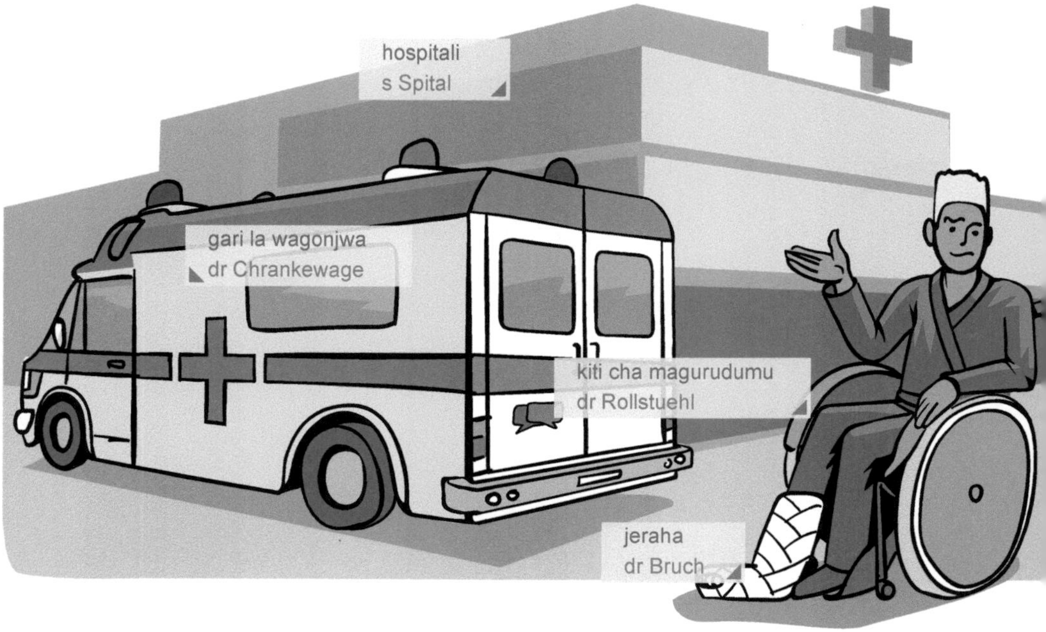

hospitali
s Spital
gari la wagonjwa
dr Chrankewage
kiti cha magurudumu
dr Rollstuehl
jeraha
dr Bruch

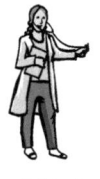

daktari

dr Arzt

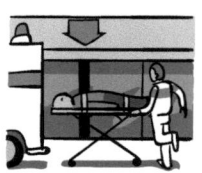

chumba cha dharura

d Notufnahm

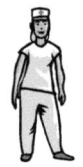

muuguzi

d Chrankeschwöschter

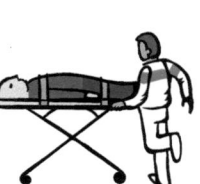

dharura

dr Notfall

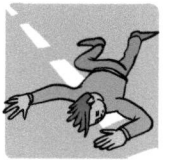

kupoteza fahamu

ohnmächtig

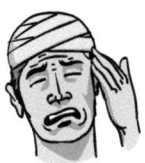

maumivu

dr Schmärz

kuumia

d Verletzig

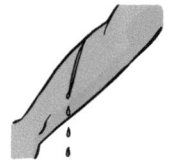

kutokwa na damu

d Bluätig

mshtuko wa moyo

dr Härzinfarkt

kiharusi

dr Schlagahfall

mzio

d Allergie

kikohozi

dr Hueschtä

homa

s Fieber

mafua

d Grippe

kuharisha

dr Durchfall

maumivu ya kichwa

d Kopfschmärze

kansa

dr Kräbs

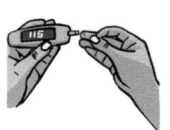

ugonjwa wa kisukari

dr Diabetes

daktari mpasuaji

dr Chirurg

kisu kidogo cha kupasulia

s Skalpell

operesheni

d Operation

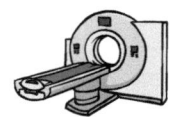

picha changanufu ya mwili

s CT

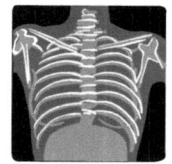

Eksrei

s Röntgä

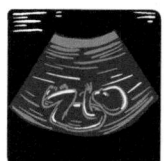

mawimbi sauti

s Ultraschall

barakoa ya uso

d Gsichtsmaske

ugonjwa

d Krankhet

chumba cha kusubiri

s Wartezimmer

mkongojo

d Krückä

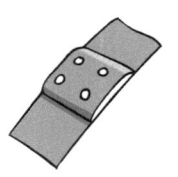

plasta

s Pflaster

bendeji

dr Vrband

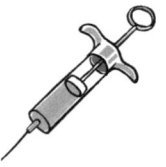

sindano

d Injektion

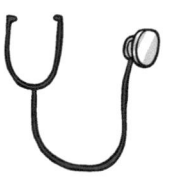

stetoskopu

s Stethoskop

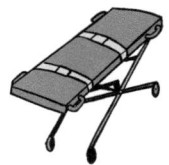

machela

d Trage

kipimajoto cha kliniki

s Thermometer

kuzaliwa

d Geburt

unene kupita kiasi

s Übergwicht

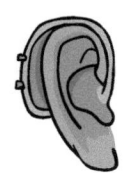

kusikia misaada

s Hörgrät

kipukusi

s Desinfektionsmittel

maambukizi

d Infektion

virusi

s Virus

VVU / UKIMWI

s HIV / AIDS

dawa

d Medizin

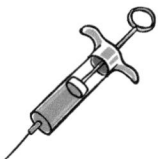

chanjo

d Impfig

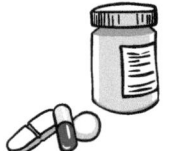

vidonge

d Tablette

kidonge

d Pille

simu ya dharura

dr Notruef

haemodainamometa

s Bluetdruck-Mässgrät

mgonjwa / mwenye afya

chrank / gsund

Msaada! Hiufe!	 kengele dr Alarm	 pigo dr Überfall
 shambulizi dr Ahgriff	 hatari d Gfohr	 lango la dharura dr Notuusgang
Moto! Füür!	 kizima moto dr Füürlöscher	 ajali dr Unfall
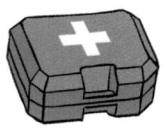 vifaa vya huduma ya kwanza dr Ersti-Hilf-Koffer	 wito wa msaada SOS	 polisi d Polizei

Ulaya

s Europa

Amerika ya Kaskazini

s Nordamerika

Amerika ya Kusini

s Südamerika

Afrika

s Afrika

Asia

s Asie

Australia

s Auschtralie

Atlantiki

dr Atlantik

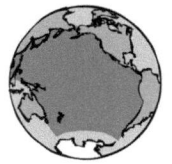

Pasifiki

dr Pazifik

Bahari ya Hindi

dr Indische Ozean

Bahari ya Antaktiki

dr Antarktische Ozean

Bahari ya Aktiki

dr Arktische Ozean

Ncha ya Kaskazini

dr Nordpol

Ncha ya Kusini

dr Südpol

Antaktika

d Antarktis

dunia

d Ärde

nchi

s Land

bahari

s Meer

kisiwa

d Inslä

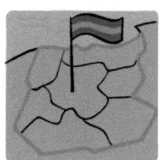

taifa

d Nation

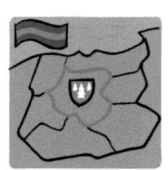

jimbo

dr Staat

uso wa saa

s Ziffereblatt

akrabu ya saa

dr Stundezeiger

akrabu ya dakika

dr Minutezeiger

akrabu ya sekunde

dr Sekundezeiger

Ni saa ngapi?

Wie spaht isch es?

siku

dr Tag

wakati

d Zit

sasa

jetzt

saa ya dijitali

d Digitaluhr

dakika

d Minute

saa

d Stunde

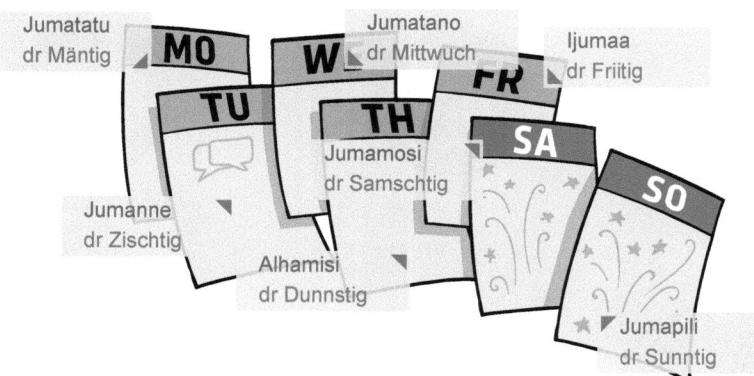

Jumatatu
dr Mäntig

Jumatano
dr Mittwuch

Ijumaa
dr Friitig

Jumanne
dr Zischtig

Jumamosi
dr Samschtig

Alhamisi
dr Dunnstig

Jumapili
dr Sunntig

jana

geschter

leo

hüt

kesho

morn

asubuhi

dr Morgä

saa sita mchana

dr Mittag

jioni

dr Aabig

MO	TU	WE	TH	FR	SA	SU
1	2	3	4	5	6	7
8	9	10	11	12	13	14
15	16	17	18	19	20	21
22	23	24	25	26	27	28
29	30	31	1	2	3	4

siku za biashara

d Wärktag

MO	TU	WE	TH	FR	SA	SU
1	2	3	4	5	6	7
8	9	10	11	12	13	14
15	16	17	18	19	20	21
22	23	24	25	26	27	28
29	30	31	1	2	3	4

mwishoni mwa wiki

s Wuchenänd

mwaka
s Johr

mvua
dr Räge
upinde wa mvua
dr Rägeboge
theluji
dr Schnee
upepo
dr Wind
majira ya machipuko
dr Früelig
vuli
dr Herbscht
kiangazi
dr Summer
majira ya baridi
dr Winter

4.APRIL 11°
5.APRIL 4°
6.APRIL 13°
7.APRIL 8°
8.APRIL 10°

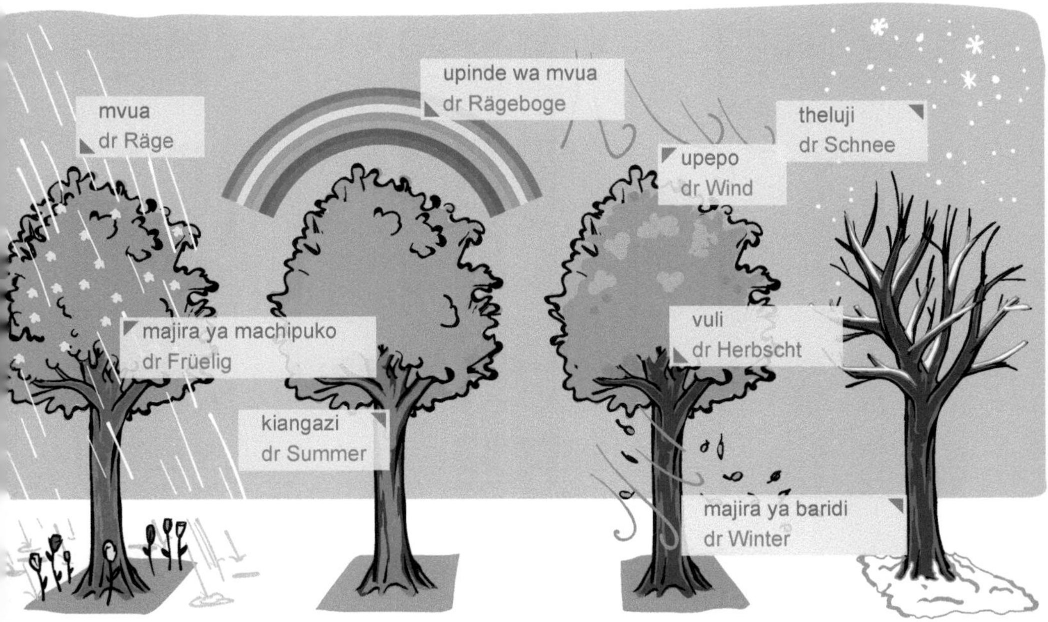

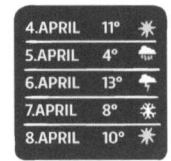

utabiri wa hali ya hewa

d Wättervorhärsag

F C
120 90 60 30 0 -30
40 30 20 10 0 -10 -20

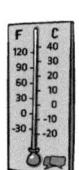

kipimajoto

s Thermometer

mwanga wa jua

dr Sunneschiin

wingu

d Wolkä

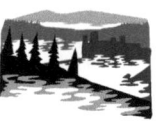

ukungu

d Näbel

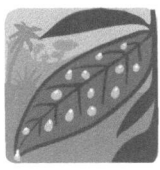

unyevu

d Fiechtigkeit

umeme

dr Blitz

radi

dr Dunner

dhoruba

dr Sturm

mvua ya mawe

d Hagel

monsuni

dr Monsun

mafuriko

d Fluet

barafu

s Iis

Januari

dr Januar

Februari

dr Februar

Machi

dr März

Aprili

dr April

Mei

dr Mai

Juni

dr Juni

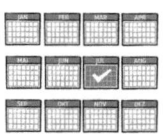

Julai

dr Juli

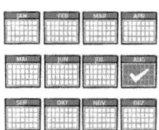

Agosti

dr Auguscht

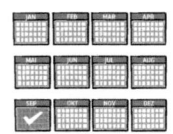

Septemba

dr Septämber

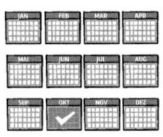

Oktoba

dr Oktober

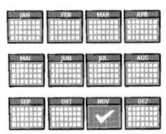

Novemba

dr Novämber

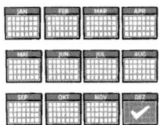

Desemba

dr Dezämber

maumbo
d Forme

mduara

dr Kreis

mraba

s Quadrat

mstatili

s Rächteck

pembetatu

s Dreieck

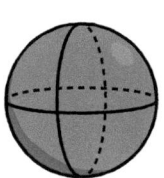

nyanja

d Chugele

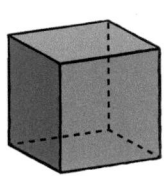

mchemraba

dr Würfel

nyeupe

wiss

manjano

gäl

chungwa

orange

rangi ya waridi

pink

nyekundu

rot

hudhurungi

liila

bluu

blau

kijani

grüen

hanja

bruun

jivujivu

grau

nyeusi

schwarz

mengi / kidogo

viel / wenig

hasira / pole

hässig / ruhig

nzuri / mbaya

hübsch / hässlich

mwanzo / mwisho

dr Ahfang / s Ändi

kubwa / ndogo

gross / chli

angavu / giza

hell / dunkel

kaka / dada

Brüeder / d Schwöschter

safi / chafu

suuber / dräckig

kamilika / tokamilika

vollständig / unvollständig

siku / usiku

dr Tag / d Nacht

wafu / hai

tot / läbig

pana / nyembamba

breit / schmal

kulika / kutolika

ässbar / nid ässbar

ovu / ema

bös / fründlich

sisimkwa / udhika

uffreggt / glangwilt

nene / nyembamba

dick / dünn

kwanza / mwisho

zerscht / zletscht

rafiki / adui

dr Fründ / dr Find

jaa / tupu

voll / läär

ngumu / laini

hart / weich

nzito / nyepesi

schwer / liecht

njaa / kiu

dr Hunger / dr Durscht

mgonjwa / mwenye afya

chrank / gsund

haramu / kisheria

illegal / legal

akili / kijinga

intelligänt / gatz

kushoto / kulia

links / rächts

karibu / mbali

nöch / wiit weg

mpya / kutumika

neu / bruucht

kitu / jambo

nüt / öpis

zee / changa

alt / jung

waka / zima

ah / uss

wazi / fungwa

offe / zue

utulivu / kelele

lislig / luut

tajiri / masikini

riich / arm

sahihi / kosa

richtig / falsch

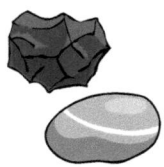

mbaya / laini

rau / glatt

huzunika / furahia

truurig / glücklich

fupi /ndefu

churz / lang

polepole / haraka

langsam / schnäll

nyevu / kavu

nass / trochä

joto / baridi

warm / chalt

vita / amani

dr Chrieg / dr Friede

0	**1**	**2**
sufuri	moja	mbili
Null	eis	zwei

3	**4**	**5**
tatu	nne	tano
drü	vier	foif

6	**7**	**8**
sita	saba	nane
sächs	sibe	acht

9	**10**	**11**
tisa	kumi	kumi na moja
nün	zäh	elf

12

kumi na mbili

zwölf

13

kumi na tatu

drizäh

14

kumi na nne

vierzäh

15

kumi na tano

füfzäh

16

kumi na sita

sächzäh

17

kumi na saba

siebzäh

18

kumi na nane

achtzäh

19

kumi na tisa

nünzäh

20

ishirini

zwänzg

100

mia

Hundert

1.000

elfu

Tuusig

1.000.000

milioni

Million

Kiingereza

Änglisch

Kiingereza cha Marekani

Amerikanischs Änglisch

Kimandarini cha Uchina

Chinesisch Mandarin

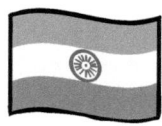

Kihindi

Hindi

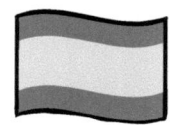

Kihispania

Spanisch

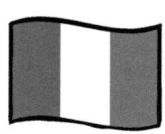

Kifaransa

Französisch

Kiarabu

Arabisch

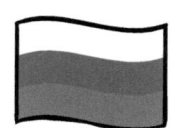

Kirusi

Russisch

Kireno

Portugiesisch

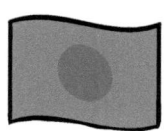

Kibengali

Bengalisch

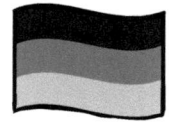

Kijerumani

Dütsch

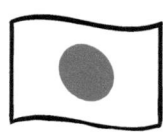

Kijapani

Japanisch

mimi

ich

wewe

du

yeye / yeye / ni

är / sie / es

sisi

mir

wewe

ihr

wao

sie

nani?

wär?

nini?

was?

jinsi gani?

wie?

wapi?

wo?

lini?

wänn?

jina

Name

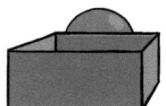

nyuma

hinder

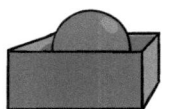

katika

in

mbele ya

vor

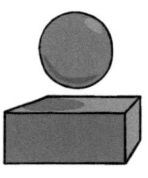

juu ya

über

kwenye

uf

chini ya

under

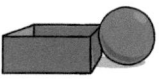

kando

näbe

kati

zwüsche

mahali

dr Ort